A VISITA DO
IMPERADOR
À FEIRA DE SANTANA

Editora Appris Ltda.
1.ª Edição - Copyright© 2024 do autor
Direitos de Edição Reservados à Editora Appris Ltda.

Nenhuma parte desta obra poderá ser utilizada indevidamente, sem estar de acordo com a Lei nº 9.610/98. Se incorreções forem encontradas, serão de exclusiva responsabilidade de seus organizadores. Foi realizado o Depósito Legal na Fundação Biblioteca Nacional, de acordo com as Leis nᵒˢ 10.994, de 14/12/2004, e 12.192, de 14/01/2010.

Catalogação na Fonte
Elaborado por: Josefina A. S. Guedes
Bibliotecária CRB 9/870

S761v 2024	Spínola C Jr, Augusto M A visita do Imperador à Feira de Santana / Augusto M Spínola C Jr. – 1. ed. – Curitiba: Appris, 2024. 60 p ; 21 cm. Inclui referências. ISBN 978-65-250-5591-6 1. Pedro II, Imperador do Brasil, 1825-1891. 2. Feira de Santana (BA) – História. 3. Vaqueiros. I. Título. CDD – 981.05

Appris
editora

Editora e Livraria Appris Ltda.
Av. Manoel Ribas, 2265 – Mercês
Curitiba/PR – CEP: 80810-002
Tel. (41) 3156 - 4731
www.editoraappris.com.br

Printed in Brazil
Impresso no Brasil

A VISITA DO IMPERADOR À FEIRA DE SANTANA

AUGUSTO M SPÍNOLA C JR

FICHA TÉCNICA

EDITORIAL
Augusto V. de A. Coelho
Sara C. de Andrade Coelho

COMITÊ EDITORIAL
Marli Caetano
Andréa Barbosa Gouveia (UFPR)
Jacques de Lima Ferreira (UP)
Marilda Aparecida Behrens (PUCPR)
Ana El Achkar (UNIVERSO/RJ)
Conrado Moreira Mendes (PUC-MG)
Eliete Correia dos Santos (UEPB)
Fabiano Santos (UERJ/IESP)
Francinete Fernandes de Sousa (UEPB)
Francisco Carlos Duarte (PUCPR)
Francisco de Assis (Fiam-Faam, SP, Brasil)
Juliana Reichert Assunção Tonelli (UEL)
Maria Aparecida Barbosa (USP)
Maria Helena Zamora (PUC-Rio)
Maria Margarida de Andrade (Umack)
Roque Ismael da Costa Güllich (UFFS)
Toni Reis (UFPR)
Valdomiro de Oliveira (UFPR)
Valério Brusamolin (IFPR)

SUPERVISOR DA PRODUÇÃO
Renata Cristina Lopes Miccelli

ASSESSORIA EDITORIAL
William Rodrigues

REVISÃO
Marcela Vidal Machado

PRODUÇÃO EDITORIAL
William Rodrigues

DIAGRAMAÇÃO
Yaidiris Torres

CAPA
Carlos Pereira

REVISÃO DE PROVA
William Rodrigues

À Profa. Letícia Trabuco Cardoso (in memorian), *mestra, mãe, amiga, incentivadora...*

AGRADECIMENTOS

Agradeço aos meus irmãos e irmãs, importantes em todos os momentos da minha vida. E agradeço aos colegas de profissão, sempre na labuta por uma escola melhor. Parabéns! Vocês fizeram minha vida ser muito mais significativa!

PREFÁCIO

A visita do Imperador a Feira de Santana, capital do sertão, capital do Brasil, do professor Augusto Spínola, narra a história da visita inusitada do Imperador à cidade de Feira de Santana, na Bahia. Motivado pelas histórias contadas a respeito da feira de gado e pela necessidade de conhecer o país que governa, D. Pedro II desembarcou na capital do Sertão. O texto nos provoca do ponto de vista geográfico à medida que desloca a capital do Brasil por dois dias para o interior do Nordeste e nos coloca a caminhar pela feira do gado, conhecendo seu cheiro, seus animais, seus vaqueiros com o Imperador. A feira é contornada pelas cercas de madeiras que constroem um lugar único na relação homem-gado-terra.

A história contada evoca nossas memórias e produz uma relação de afeto com as práticas do cotidiano, da prosa entre os *cumpadres,* da mastigação do fumo e do seu cuspir, da pinga de *fôias* que aquece a fala e o corpo para o trabalho duro da lida com a terra e com os animais. Nesse cotidiano da vida ordinária, um encontro improvável entre o Imperador e um vaqueiro, olhares curiosos, uma prosa e dois sujeitos dispostos a se ouvirem e se conhecerem, e desse encontro as suas vidas são transformadas. Nesse momento, o Imperador se despe da sua Corte e é o vaqueiro quem assume a realeza porque é ele quem, de fato, conhece o Brasil profundo, a partir dos desenhos que constrói no espaço, na história e na memória pelo tocar das boiadas.

O livro presenteia professores e estudantes do ensino fundamental e médio e dos cursos de formação de professores com uma narrativa que apresenta as minúcias da vida, abrindo possibilidades para o ensino de História, de Geografia e interdisciplinar, já que tanto o texto quanto as atividades propostas interrelacionam diferentes áreas do conhecimento. As atividades revelam uma expressiva experiência do autor com o ensino e aprendizagem, são exequíveis ou facilmente adaptadas a outras cidades pelas quais o Imperador fez capital.

Que o jerimum que o vaqueiro ofereceu como símbolo de respeito e amizade ao Imperador renda bons frutos a partir do desdobrar de outras histórias e memórias oportunizadas por esta leitura.

Livia Dias de Azevedo
*Professora do Departamento de Educação
da Universidade Estadual de Feira de Santana (UEFS)*

APRESENTAÇÃO

A visita do Imperador a Feira de Santana, de Augusto Monte Spínola Cardoso Júnior, é um livro paradidático, voltado, inicialmente, para alunos do 6º ao 9º ano do ensino fundamental, publicado pela Appris Editora, com selo Artêra.

Trata sobre o século XIX, quando o Imperador Pedro II resolveu, talvez no melhor momento da sua vida política, organizar uma viagem e sair para conhecer o Norte do Brasil, como chamavam naquela época o Norte e o Nordeste de hoje em dia.

Fazer o que por essas bandas? Qual poderia ser o projeto que estava se desenhando na cabeça do imperador? E por que incluir nessa saída, uma passagem por um povoado do interior da Bahia chamado de Santana da Feira?

Vamos descobrir como foi essa visita através de alguns diálogos que podemos traçar a partir da leitura do livro e dos nossos conhecimentos sobre essa região e sobre essa cidade, sobre o conhecimento que nossos familiares possuem sobre cada pedaço do sertão que é mencionado no livro, e sobre os personagens que vão dar vida a esse texto.

Espero que façam uma boa leitura e que um dia possam fazer uma viagem tão incrível como essa feita por D. Pedro, conhecendo lugares e pessoas que deixem vocês inspirados para o resto da vida!

SUMÁRIO

A VISITA DO IMPERADOR, O VAQUEIRO, A COZINHEIRA E O CASARÃO QUE FICAVA NA BEIRA DA PRAÇA E DESABOU DEPOIS QUE CAIU UMA CHUVA TORRENCIAL EM CIMA DAQUELE SERTÃO 15

TABULEIRO PARA SABER MAIS 29
   Sites 29
   Vídeos 30
   Livros/revistas 31

PROJETOS SUGERIDOS PARA O ENSINO FUNDAMENTAL ... 33
   6º ano 33
     Projeto: Museu da Família
   7º ano 37
     Projeto: As feiras da construção da Feira
   9º ano 40
     Projeto: Produção de folhetos de cordel

PROPOSTA DE ESTUDOS 43
   I - Sertão/Feira de Santana – Bahia 43
     a. Barraca de frutas e verduras 43
     b. Barracas de carnes, fígado, rim, mocotó 48
   II – 2º Reinado (1840/1889) – A visita do Imperador ... 49
     c. Barraca de doces, manteiga e requeijão 49

POSFÁCIO 53

REFERÊNCIAS 57

A VISITA DO IMPERADOR, O VAQUEIRO, A COZINHEIRA E O CASARÃO QUE FICAVA NA BEIRA DA PRAÇA E DESABOU DEPOIS QUE CAIU UMA CHUVA TORRENCIAL EM CIMA DAQUELE SERTÃO

Por volta de 1850, o Brasil vivia intensamente novos momentos políticos com a presença do Imperador no poder. Ainda adolescente, D. Pedro II chegara ao poder e assumira o trono de fato. Na capital do reino, a novidade causara um alvoroço! Era gente indo e vindo da direção do palácio, interessados em *beijar a mão* do novo governante. A vida se transformara completamente no país e a capital vivia de uma forma absolutamente fervorosa pela assunção do poder pelo rapaz de 15 anos incompletos. O que seria do país de agora por diante?

O fato de a capital e demais regiões produtoras de café viverem um período de fartura, com o crescimento econômico e com uma "diminuição de problemas sociais", não significava que o resto do país vivesse da mesma maneira. Por outras bandas, essas nossas do semiárido, o calor beirava sempre os 40 graus, e aqui era o tipo de lugar onde a falta de água não parecia sinal de fim dos tempos e onde a população de nada sabia sobre os rumos da política que havia mudado tanto. Os moradores dessa região viviam das suas andanças pelos campos secos, das suas escassas caçadas, da labuta com o gado bovino morrendo de fome e de sede, da criação de ovelhas que quase não se sustentavam mais em pé... Viviam das suas memórias, individuais e coletivas, sobre a luta pela Independência. E nessas memórias guardavam sobre um certo envolvimento do irmão do fazendeiro com um grupo da capital da Bahia que pretendia fazer uma *çabirnada* na região toda, antes do *imperadô* governar. *Çabirnada?* Que nome curioso! O que seria isso?!? Aquele teria sido um período em que todos conseguiam se organizar e lutar contra políticos desonestos e fazendeiros escravistas sem vergonha, que só pensavam em tirar a terra dos pobres. Foi quando o primeiro imperador se mandou no mundo e deixou o país entregue a algumas raposas usurpadoras. Mas por agora, nesse momento, não sabiam o que estava acontecendo. Não sabiam que havia um novo imperador, muito menos que ele pretendia governar de um jeito que ninguém imaginava. Nem por ali, no meio do semiárido, nem pelas ruas da capital do país.

Depois de estabelecer um sossego no Brasil, o Imperador resolveu que precisava conhecer mais o seu país. Estava no poder há mais de dez anos e conseguira recuperar a região que quase lhe escapara das mãos por causa de uma disputa iniciada por preços diferentes da carne, entre o governo e os fazendeiros de lá. Essa divergência provocou uma guerra de 10 anos e só depois de muito tempo o novo Imperador conseguiu uma solução para aquela região, boa para o país. Agora ele pretendia viajar pelo Norte do país, Sertão adentro. Afastar-se um pouco daquele litoral que seu povo português e boa parte da população brasileira escolheram para viver fazia séculos. Mas ele sabia que havia muita gente no Brasil semiárido, no Sertão de paisagem exuberante, lá por dentro, e muitos outros tipos de riquezas poderiam ser encontradas. Ele precisava chegar para conhecer.

O Sertão era um lugar incrível! Para muitos, a própria casa, o próprio quintal! Em alguns momentos, era onde plantavam, caçavam, retiravam seu sustento; logo em seguida, parecia um lugar terrivelmente longe, castigado pela seca e pela miséria. Aqueles de fora nunca entenderam direito que, longe ou perto, era o Sertão. Ora chuvoso, ora seco; ora carregado de fartura, ora faminto; ora cinza, quase branco, ora verde clarinho, de onde se retirava tudo que alimentava aquele povo. Era onde viviam, roceiros, mateiros, catingueiros, caçadores, vaqueiros...

Alguns dias atrás, quando o vaqueiro se dirigia para a fazenda labutando com o gado, ouvira da boca do pai do dono do armazém que o povoado ia receber uma visita importante do tal Imperador que governava tudo. "Imagina se havia algum homem assim que governasse tudo?! Humpft!", resmungara, conversando consigo mesmo, cuspindo para longe o fumo de corda que mastigava. Devia *tá inventano* moda, *pra se gabá* lá na venda, quando alguns homens se reuniam para tomarem pinga e *prosearem* sobre a vida do povoado e das suas andanças pelo mundo afora. Decerto o pai do dono do armazém ia fazer isso. O vaqueiro seguiu viagem conduzindo sua boiada, não sem antes ouvir a última frase da boca do pai do dono do armazém: "*Vô fazê* uma casa só para *dá* rancho pra ele por aqui, nos dias que ele *ficá!*". "Êta véi que gostava de ser *gabola!*", pensou saindo da curva, dando outra cusparada na terra, apagada rapidamente pelo calor e poeira que se acompanhavam.

Nos dias seguintes, o povoado passava por um alvoroço para o dia da sua feira. Precisavam se organizar para a chegada do homem! "*Qui homi?*", pensava o vaqueiro enquanto prendia o cavalo na porta da venda. "*Qui* raio de *homi* é esse que tanto falam? E pra que diabo *fazê* uma casa só pra receber ele? Onde será que o pai do dono do armazém *tava* com a cabeça?!?".

Pelas bandas da capital, a viagem se delineava. O Imperador ia pegar um navio do Rio de Janeiro até Salvador, de Salvador pegaria um outro barco até chegar às cidades, vilas e povoados que pretendia conhecer no Recôncavo. O primeiro trecho da viagem fora marcado por uma tempestade na costa do Espírito Santo. Nada que marujos experientes como aqueles que conduziam o barco do imperador não estivessem acostumados. Um dia depois já estavam em Salvador, sendo recebidos na maior festança. Uma fanfarra tocava aos quatro cantos anunciando à população da cidade a presença ilustre. Mulheres jogavam flores depois da descida da família real, enquanto homens se empurravam para alcançar uma melhor visão do Imperador e da família real. Aquele dia na Baía de Todos os Santos certamente seria inesquecível para todos. Na manhã seguinte, partida num barco menor para o Recôncavo, afastando-se do litoral e cada vez mais se aproximando do interior, do Sertão, do longe tão perto!

A presença do *homi* na capital acabou chegando aos ouvidos do povo daquele lugar. O telégrafo noticiava que ele nem bem chegara e já havia partido para o povoado – quer dizer, vila. A população procurava cada vez mais se acostumar com o fato de o povoado ter sido elevado à condição de vila. Fazia diferença? Qual, afinal? Onde estava a grande diferença entre ser povoado ou vila? Só os fazendeiros, que agora *posava* como *vereadores,* é que achavam graça dessa *tar* mudança. Andavam *disfilano irgual pirú, irgual pavãum,* de rabo *infeitado!* Ora, o que pensavam que havia mudado? Na sexta-feira seguinte, o *imperadô* finalmente chegaria àquele lugar. E a tal casa do pai do dono do armazém estava pronta, mas diziam à boca miúda que o *homi* não ficaria por lá, sim na casa do conselheiro, na Rua da Igreja. Seria verdade? *Ixe!* Iam matar o pai do dono do armazém! *Derpois* de *arguns* anos *investino* na construção da casa e da recente reforma pela chegada do tal *imperadô,* o *conseleiro* ia lhe passar a perna e *levá* o monarca pra sua casa da Rua da Igreja. Nem tão nova ela era! E aquela *ruma* de gente pra lá e pra cá não ia deixar o *imperadô* em *pais!* Ora! Devia ficar na casa do rico pai do dono do armazém. Mas não foi assim que aconteceu.

Numa sexta-feira do mês de novembro, à boca da noite, o *homi* chegou! *Ixe,* que foguetório! Será que na *capitá* foi assim? Quanta gente na vila. Parecia ter gente que nem ele conhecia. E a tal imperatriz! Que mulher de *rôpa* bonita! Não, ele decerto não conhecera *arguém* tão bem-*vistida!* Mas ia sair dali. Amanhã cedo ele tinha que sair à cata do gado, logo cedinho, antes das quatro. Cortar caatinga e chegar cedo às terras do *cumpadre* da curva do rio. Pegar seu gibão de couro que havia deixado por lá, depois de tanto correr atrás do boi *mandinguêro* do fazendeiro que comprava e vendia gado, e que muitos diziam nas rodas de conversas de *sujeitos-uirapurús* que ganhara muito dinheiro fácil na vida. Dizem que quando ele comprava uma boiada, mandava chamar um *arsaltadô* que vivia nessas redondezas e avisava do negócio. O sujeito ia e realizava um *arsalto*, deixando o outro na miséria, e em troca da informação dividia o dinheiro do *rôbo* com o fazendeiro. Este ficava com a boiada vendida e com parte do dinheiro roubado. Ora, assim era fácil *ficá* rico. Muito rico. Mas esse desgraçado ia pagar um dia. Ah! Se ia... Explorar *vaquêros* e *plantadores* de mãos *marcada* pelo cabo da enxada, pelos espinhos de mandacarus e ainda *roubá dinhêro* e gado dos *tropêro* que *cruzava* o país, léguas mais léguas, para ficar mais rico e se *gabá* da riqueza e *podê* frente a eles *trabalhadô* daquele lugar? Ele ainda ia *pagá* por isso...

No outro dia pela manhã, depois de um farto café, regado a frutas, milhos, beijus, cuscuz, aipim e bananas da terra – preparadas cozidas –, bolos (muitos bolos) e leite (um café que se diferenciava daqueles da população mais pobre somente pela quantidade, pela fartura), o Imperador pediu para ser levado para conhecer a tão falada feira no Campo do Gado. Ouvira falar dessa feira no Rio de Janeiro. Milhares de cabeças de gado comercializadas num lugar tão pequenino! O que ele poderia fazer por aquele lugar? Gostaria de ver a cena para saber como poderia agir para esse lugar prosperar. Enquanto as mulheres da casa e a imperatriz se preparavam para uma missa e uma caminhada matinal pela vila – a imperatriz por diversas vezes ouvira falar de um clima bastante favorável à saúde –, o conselheiro e a comitiva masculina que viera com o Imperador arrumavam os cavalos para a saída. Afastado desse grupo, à espera do seu cavalo, Sua Majestade olhava atento por uma janela para a vila. Ficava imaginando a vida nesse lugar. O cotidiano, o dia a dia, a luta pela sobrevivência: acordar, sair em caminhada para as fazendas, tirar leite, soltar o gado preso, selar cavalos, andar sobre estercos, voltar para a vila, andar pelo mercado, pela rua da igreja, rezar, conversar alegremente com amigos, parentes, compadres... Até estar de volta em casa. Dormiriam cedo, para acordar mais cedo ainda. Enquanto divagava, escrevia um diário sobre sua viagem... a escrita era a grande companheira de todas as viagens dele. Cavalos selados, páginas preparadas, seguiram na direção do Campo do Gado. Fascinante aos olhos do Imperador!

"Que diabo aquele *homi* viera *fazê* ali? *Num* era de grande *podê*? Pra quê caminhar pisando em bosta de vacas, distraído, *atrapaiando* o serviço dos ôtros? *Ixe!*". E parece que vinha na sua direção! O vaqueiro tratou de se movimentar rapidamente, ganhando o rumo da cancela do curral, por onde saiu e desapareceu nas matas por trás da lagoa. Enquanto esporeava o animal – um cavalo baio, envelhecido, acostumado ao trabalho com o gado, de condução de boiadas até a perseguição, captura e derrubada dos bichos – notou a parada feita pelo *imperadô*, seguida pela sua Corte.

Em dia de festa de vaquejada, quando servia ao seu dono, aquele animal baio era uma beleza! Conduzia o vaqueiro a vitórias em torneios pelas diversas pistas daquela modalidade de diversão – a vaquejada – presentes pelas bandas daquele lugar. Ê *carralo* bom danado! Por causa dele, por diversas vezes o vaqueiro deixara de voltar para casa, agarrando-se com fadas em quartos quentes e escuros, gastando o dinheiro do prêmio pela melhor derrubada, ou pela derrubada mais rápida do boi largado na pista a toda velocidade, *brabo*, procurando uma saída. Mas ao chegar à linha demarcada, era agarrado pelo rabo, puxado, jogado ao chão, para deleite do público *tabaréu*, roceiro daquelas bandas, presente no evento. Mas com a presença do *imperadô* não teria vaquejada. Todos só falavam em acompanhar as andanças dele, ir até a igreja assistir à missa, ficar na beirada da casa do conselheiro, pela hora do almoço, puxando o saco de uns e de outros, numa *babação* de gente besta que o vaqueiro não entendia. Saiu-se do Campo do Gado e se fora para não ter que ficar vendo tanta bobagem, tanta *bestêra* por causa de um *homi* que ele desconfiava até que não sabia *montá* direito e que parecia não *aguentá* o calor que fazia naquelas bandas. Mesmo de longe ele notara que o tal *imperadô* suava igual um cuscuz quando se aproximara do Campo do Gado numa das suas primeiras saídas pela vila. Passou assim o primeiro dia da presença do sujeito na vila. A noite trouxe a paz e o sossego, do jeito que o vaqueiro estava acostumado. Da sua casa, nas proximidades do rio, parecia ouvir umas gritarias de gente que decerto permanecera nas vendas, bebendo, disputando goles de *fôias pôdes*, esperançosos pela chegada de alguma fada, daquelas bebedeiras, acostumada a cair na farra com eles, até ela escolher um dos sujeitos com quem ficaria o resto da noite. Mas da sua casa a barulheira podia ser somente uma ilusão. Repercussões das suas vivências.

No dia seguinte, enquanto a cena da manhã se repetia para muitos da vila, o vaqueiro já cuidava das suas atribuições, nem lembrando que ali por perto estava o tal sujeito que governava tudo, arranchado na casa do conselheiro. Selara o *carralo* e pegara o rumo do curral, dos pastos e se encaminhara para a vila. Certamente passaria pela rua da igreja, bem pela frente da casa que abrigava o *imperadô*, pois deveria pegar uma encomenda na casa do *ferrêro* que era logo ali diante, por detrás da Matriz. Deveria sair ainda naquele dia para o mato, fazer umas caçadas – atirar nos mocós, bengos e teiús – pegar bois no pasto, *treinano* para vaquejadas –, pescar nos Três Riachos e se empanturrar de cachaça, de uma *fôia* das boas – imburana, pau--de-rato, milome – qualquer uma! Mas precisava passar no *ferrêro*, *pegá* a *ispingarda*, um *istribo* que deixara para conserto e comprar um tanto de chumbo e de *póvora*, para garantir alguns bons tiros que resultassem em alimentos para o resto da semana. Caminhava *entritido*, buscando no pensamento algo que não pudesse esquecer enquanto estava na vila. Quando deu por si... Já era tarde! Estava ele ali, montado, de *jaleque*, gibão, calça de couro, luvas... Vaqueiro do Sertão que saía para mais um dia de luta, frente a frente com o tal *imperadô*, que já o vira e sinalizara para ele parar! Diabo, o que deveria fazer? Enquanto pensava na sua sina, parava o animal e cumprimentava o *governadô*. Apeava o *carralo*, fazendo uma barulheira batendo espora em estribos, taca em arreio e estribo, que aos ouvidos do Imperador parecia descido daquele animal um representante de uma nobreza cabocla, que misturava portugueses e indígenas, brasileiro nato, de um tipo que ele jamais imaginara existir, muito menos ver daquele jeito, vestido daquela forma, elegante, marcado pelo tempo – Sol, chuva, sereno, seca, urtigas, mandacarus –, na sua frente. Imperador do Brasil, de um Brasil que ele acreditava cada vez mais desconhecer! Precisava de registros, mas não estava com sua câmera... Certamente, aquele homem poderia ter uma pequena conversa com ele. Arriscaria. Procuraria obter daquele sujeito impressões sobre a sua terra e sobre suas expectativas para o futuro daquele lugar, daquele pequeno mundo, daquela vila. O vaqueiro, por sua vez, não conseguia imaginar o que aquele homem tão poderoso, como se dizia, poderia querer com ele. Uma prosa? Um dedo de prosa? O que esperava ouvir, o que pretendia conversar com ele? Ficou espantado ao ouvir a pergunta sobre sua roupa e sobre a sela que usava naquele momento. Como assim não conhecia direito o que era o gibão, o chapéu de couro, a taca e aqueles arreios?!? Como ele esperava que o vaqueiro se vestisse para enfrentar a caatinga, a vegetação do nosso Sertão? Não, a *rôpa* não fazia calor, e se fizesse deveria ser ignorado, pois a sua função prática, de proteger o corpo dos espinhos, justificaria. Acabara falando muito sobre as prantas e os bichos da região e sobre os castigos provocados pela seca. Pra quê? O que aquele homem poderia fazer para resolver isso? Poderia até ser cheio de *podê*, mas não faria *chovê*. Não via a secura daquele povo, daquele lugar... Não via os bichinhos morrerem arqueados, de sede, extrema sede... Não sabia o que era não ter um gole de água para *bebê*, para *lavá* o rosto, para fazer um pirão. Não, *imperadô*, o *sinhô* não *sabi* o que é *vivê* naquele *lugá*, *acordá* na madrugada para *bebê* sereno, *cortá* facheiro, *limpá* os *ispinhos* das palmas pra *dá* pros *animá*. Não *tê dinhêro*, nunca! Nunca. Em momento algum, por mais que *trabaie*, da hora que levanta, antes do *nascê* do Sol, até o momento em que ele morre, lá detrás dos morros, quando então o vaqueiro solta o *carralo* na beira da cacimba, onde resta um pouco de mato para ele comer. *Imperadô*, o *sinhô* nunca vai *sabê* o que é isso. Escapar da secura absoluta pela fé, pela leveza do espírito, aquela mesma do sono dos justos, de quem não *rôba*, de quem não mata, de quem constantemente é salvo pela natureza, por caçadas de bengos, mocós e seriemas; por teiús, tatus e perdizes moqueados; por melancia, maxixe, farinha seca e rapadura. Não, *imperadô*... Não sei quanto *podê* o *sinhô* tem, mas por certo não tem como *dá* jeito nisso. Até o rio já tem gente cercando, proibindo pesca, passagem pelas suas bandas, caçadas naquelas curvas das fazendas, como se o danado fosse um animal apreendido, uma rês marcada pelo dono, que não desse direito a ninguém mais *capturá*... O vaqueiro não conseguia parar de falar sobre a sua vida, sobre a sua vila, sobre a vida do povo daquele lugar, condenado a não *escapulir* dali, como canários da terra, passarinhos cantadores que recebem ração e água, limitadas, mas pensam ser livres e desembestam a cantar. O vaqueiro nunca tinha aprendido uma cantiga. Só aboios que o *imperadô* nunca ouvira. Nem nunca ouvira falar. Era uma comunicação vaqueiro-gado, para facilitar a condução pelas estradas, pelas trilhas que eles abriam pelo Sertão. "*Vaquero* mandou *dizê*/ Senhor, me venda o *carralo* da fazenda/ Senhor, me venda o *carralo* da fazenda, iêêêêê... Sai, diabo, êêêê... Vorta, Tanajura, êêê... Fasta, Maiada, êêê... Sai, peste, sai...". Era isso.

Enquanto o vaqueiro depunha sobre sua vida, os olhos do Imperador mareavam... Nunca pensara ouvir tanta sinceridade, tanta valentia, firmeza... Nunca imaginara aquela Vila de Sant'Anna daquela maneira. É certo que ouvira falar da enorme feira de gado que havia por ali. Decidira que, além de Cachoeira, mergulharia naquele mundo que sugeria riqueza, fartura, imensidão. E existia tudo isso para alguns. Mas desde que vira a figura do vaqueiro, havia decidido que deveria ouvir um daqueles homens. Já sabia sobre o lidar com o gado. Todos os fazendeiros que o acompanha-ram, soltavam informações sobre eles e demonstravam, ao mesmo tempo, certo conhecimento sobre aquela vida, aquela profissão. Mas não eram vaqueiros. Eram fazendeiros que lucravam com a terra e com o gado, de um jeito semelhante a época colonial. Não cuidavam dos animais no dia a dia; não faziam o parto, não buscava uma rês desgarrada, não enfrentava a fúria de um boi pegador. Não produziam alimentos. Não plantavam, não andavam debaixo do Sol daquele jeito, protegidos pela roupa de couro, muito menos andavam debaixo das fortes chuvas das trovoadas, apenas com o chapéu para servir de proteção. Não cavalgavam como profissão, mas como lazer. Promoviam cavalgadas, festas entre uma fazenda e outra, entre uma vila e outra, mas nunca havia se embrenhado dentro do mato, da caatinga fechada, para recuperar uma rês, uma vaca, um boi perdido. Nunca se cortaram entre mandacarus, entre xiquexiques, entre unhas-de-gatos... Nunca havia, experimentado o sabor da fome ou o sono perdido por trabalho (só por diversão)... Eram homens daquelas terras, mas não possuíam brios de vaqueiros. Nervos de vaqueiros. Honras de vaqueiros. Penduravam nas suas casas berrantes que não sabiam tocar direito. Expunham esporas de prata, estribos de prata e de ouro, mas nunca haviam derrotado um vaqueiro de verdade numa pista de vaquejada. Só quando brincavam uns com os outros, fazendeiro contra fazendeiro, sob olhar festivo de vaqueiros, debaixo de risadas amenas daqueles seus empregados que lhes davam a vida. E o dinheiro que possuíam...

O resto da noite foi uma chuva só. Parecia que São Pedro resolvera deixar cair sob aquele pedaço de Sertão uma chuva enorme. Se não fosse liberada por ele, diriam que era uma chuva medonha. Mas como vinha dos céus, de São José e de São Pedro, era uma dádiva, uma graça! Choveu até danar! O barulho que fizera o rio provocara no vaqueiro uma desconfiança sobre aquela chegada da água. Tanta água trazia problemas. Tão devastadora quanto a seca, a água nas raras vezes que caía intensamente, como naquela noite, arrancava árvores, derrubava casas e chegava a matar gente. O que seria visto pelo vaqueiro na manhã do dia seguinte?

Um choro tomava conta do armazém da vila. Tão logo a chuva passara, nas primeiras horas da manhã, tão repentinamente como chegara, o vaqueiro soube pelo velho carroceiro com quem cruzara ao se aproximar do armazém que a casa do pai do dono do armazém, aquela mesma que ele reformara para arranchar o Imperador, fora derrubada pelas forças das águas. Cruz credo! Derrubada? Aquele casarão todo, de que tanto o pai do dono do armazém se gabava, estava destruído? Derrubado? *Vixe* Maria! Veio a preocupação: o que havia acontecido com o pai do dono do armazém? Em seguida uma resposta triste: o homem morrera. Ele, uma empregada e uma cachorrinha que dormiam dentro da casa todas as noites. Não conseguiram sair, em sono ferrado que estavam, que não lhes deixaram ver a força da água que escorria por aquela ladeira da rua da casa, desembestada, procurando o curso do rio. Carregou as paredes, talvez de barro ainda molhado pela reforma, que favoreceu a derrubada. Com certeza seria um período de tristeza aqueles próximos dias.

A VISITA DO IMPERADOR À FEIRA DE SANTANA

Luto. Dias de luto naquele lugar. Mulheres chorariam o morto, padre celebraria *missa de corpo presente* e o curso da vila seria marcado por essa tristeza. Mas enquanto o Imperador estivesse ali, até o defunto tinha que esperar!

Sua Majestade ignorava o fato ocorrido, a morte do pai do dono do armazém, e havia também uma recomendação feita pelo conselheiro de que não deveriam trazer essa informação para o homem. Esperassem ele partir, ainda naquela manhã. Depois todos, inclusive ele, tratariam com o respeito devido a tragédia que caíra sobre a vila, mais especificamente sobre a família do pai do dono do armazém. Por algumas horas, a vida deveria transcorrer sem que o governante percebesse o acontecido. E assim foi.

Certamente o Imperador, quando se preparava para seguir viagem e pediu para que fosse chamado aquele vaqueiro, não imaginava o nó que estaria causando nos pensamentos do povo daquele lugar. Como assim chamar o vaqueiro? O que Vossa Alteza teria para tratar com aquele homem? O que acontecera numa fração de segundos entre o Imperador e o vaqueiro quando estavam a sós, afastados dos fazendeiros e da Corte? Sobre o que conversaram na manhã do dia anterior? Para que chamar o vaqueiro ali?!? Mas chamaram. Foram até ele, encontraram-no na imensidão do curral, lidando com os bichos e gritaram que o *homi* estava lhe chamando! "*Ixe!*", pensou o vaqueiro. Sabia que havia falado demais. Decerto ia sofrer algum tipo de repreensão ou um outro tipo de castigo, que lhe causava calafrios. Um *homi véi* que nem ele, *sofrê* castigo, puxão de *oreia* que nem menino, na frente de todo o povo daquele lugar? O que saíra de errado na sua conversa com o *imperadô*? Mas sabia que não poderiam ferir a sua honra. Chamava, ele ia. Atenderia o *homi* na frente de todos. Não mentira, não inventara, não aumentara nada naquele dia, na sua fala. O lugar era assim, sua vida era daquele jeito, e apenas meia dúzia de donos de terras viviam da fartura da feira de gado que se desenhava mais firme a cada dia. Ajeitara-se no cavalo magro, tomara as rédeas e cavalgara lentamente na direção da vila, na direção da casa do *conselêro*. O cachorro das pegas de boi, que tanto latia durante seu trabalho, acompanhava-o naquele instante em absurdo silêncio. Seria pressentimento do bicho? Ou sair de perto de curral num momento tão inesperado também causara tanta estranheza no cão véi, a ponto de calar-lhe daquele jeito? O caminho era o mesmo que sabia de cor: passara a cancela, desviara dos galhos do pé de imbu, cortara o riacho e mais adiante o rio; rompia o lajedo, o cascalho da encosta, pegava a beirada da cerca do *véi* seu *cumpadi* e riscava o chão adentrando na última curva rodeada de urtiga, xiquexiques e mandacarus. Tudo capaz de ser feito sem uma olhada sequer. Légua e meia até chegar à vila.

Passava das oito da manhã quando ele chegara até a frente da casa onde estava Sua Majestade. Vestira-se do mesmo jeito que no dia anterior. A barba estava sempre rala, o bigode um pouco mais grosso, e em suas mãos, carregava uma *abóbra* jerimum, que pretendia *dá* ao *imperadô*. Mesmo que não fosse um encontro como aquele do dia anterior, pretendia demonstrar a sua afeição por aquele homem que lhe ouvira. E fora surpreendido mais uma vez. Não era um chamado para repreensão ou castigo. O *imperadô* também gostaria de lhe dar um presente antes da sua viagem de volta para o Rio de Janeiro. Trazia à mão direita uma bolsa com uma quantia em moedas de ouro. Não poderia, naquele instante, resolver os problemas da seca, da fome, dos flagelos que atingiam aquela vila. Mas poderia, sim, ajudar na transformação da vida daquele sujeito-vaqueiro, tangedor de gado pelos quatro cantos do reino, dono do discurso mais sincero, mais afetivo, mais eficaz que o Imperador ouvira naquela região. Talvez em toda a sua vida de imperador! Entregaria a ele uma quantia suficiente para comprar algumas tarefas de terra nas redondezas. Seis tarefas de terras. Seria sua chácara, onde criaria galinhas, cabras, ovelhas, porcos e o seu cavalo. E ali estavam as moedas que o *imperadô* lhe entregara. Que golpe no vaqueiro. Ele esperava um castigo. Ganhara uma terra. Trouxera o jerimum que o imperador recebeu com carinho e logo passou para as mãos de um acompanhante da comitiva, que o *véi* tangedor observou vestido de uma maneira estranha. O vaqueiro ainda queria confessar mais uma coisa. Não saberia como lidar com aquela quantia que o governante estava lhe entregando. Como saber o real valor? Como transformar aquelas moedas em

A VISITA DO IMPERADOR À FEIRA DE SANTANA

algumas tarefas de terra? Como saber fazer o negócio com aquele tanto de dinheiro que ele nunca vira, que nunca passara por suas mãos? Decerto não conseguiria... O Imperador determinou que o conselheiro se encarregasse de comprar as tais tarefas, não tão longe do rio, não tão longe da vila, de modo que não houvesse uma brusca transformação naquele cotidiano que ele ouvira do vaqueiro. Queria uma significativa melhora, mas o queria perto da sua vila, do seu rio. O conselheiro deveria saber como resolver isso.

É esta a razão de encontrarmos, logo depois da segunda perna do rio, ainda bem perto da vila, a *"Chácra Imperadô"*, do maior e talvez mais feliz pegador de bois daquele lugar. Plantador de jerimum mais que nunca. Firme no seu lidar de vaqueiro pelas estradas de boiadas que caracterizavam o lugar que estabelecia rotas com outros mundos... Mundos de vaqueiros...

TABULEIRO PARA SABER MAIS

Sites

cidadebrasileira.brasilescola.com > Bahia > Feira de Santana – site com artigos sobre a Feira de Santana

http://pedacosdefeiradesantana.blogspot.com.br/ – textos produzidos por alunos do 7º ano do ensino fundamental sobre lugares da cidade que persistem em existir

http://www.terradelucas.com.br/ – este blog traz informações poéticas e crônicas sobre Feira de Santana

http://www.museuimperial.gov.br – site com trechos do diário da visita do Imperador às províncias do Norte do Brasil

http://vapordecachoeira.blogspot.com.br/2009/10/dom-pedro-ii-viaja--vapor-pelo-paraguacu.html – o blog traz trechos do diário, nos quais D. Pedro registra sua viagem pelo Rio Paraguaçu, e sua saída para Feira de Santana, em 6 de novembro de 1859

http://www2.uefs.br/ppgldc/revista2_123.html – o artigo da professora doutora Andréa do Nascimento M. Silva é principalmente sobre as pinturas de Juracy Dórea, artista feirense, especialista em cenas do Sertão feirense-nordestino, que influencia bastante a produção literária sobre a visita do Imperador a Vila de Santana da Feira

http://origem-de-feira.blogspot.com.br/ – blog com informações sobre a história dos bairros e festas de Feira de Santana

http://www2.senado.leg.br/bdsf/item/id/242431 – informações sobre uma publicação de Bernardo Xavier Pinto de Souza, de 1861 (logo após o retorno do Imperador), das suas viagens pelas províncias do Norte (cabe aqui a observação: Nordeste. Não existia o termo, criado apenas no século XX. Vale ler sobre isso: *A invenção do Nordeste e outras Artes*, de Durval Muniz de Albuquerque)

http://jornalnovafronteira.com.br/d-pedro-ii-e-feira-de-santana/ – aqui se encontra uma referência à Rua Direita, ao vaqueiro e seu traje e ao valor oferecido pelo Imperador ao sujeito

http://minhafeiradesantana.blogspot.com.br/ – blog do jornalista Carlos Melo. Sugiro, entre outros motivos, pelas diversas informações de várias fontes a que o jornalista possui acesso sobre a história de Feira de Santana

https://atlanticoportugues.ufba.br/documents/42 – o site permite baixar o livro *A visita do Imperador*, de Godofredo Filho

http://feirenses.com/fotos-antigas-feira-de-santana/ – algumas fotos raras de Feira de Santana

https://www.facebook.com/Feira-de-Santana-antiga-1406411286240515/ – fotografias e comentários sobre o cotidiano de Feira de Santana

https://bahia3ucsal.wordpress.com/temas/a-extincao-da-antiga-feira-%e2%80%93-livre-de-feira-de-santana-%e2%80%93-no-centro-da--cidade-1975/ – análise da questão da extinção da feira livre em Feira de Santana

Vídeos

Memórias Videográficas de Feira de Santana – documentário com roteiro de Marcus Pérsico, 30 min

Fragmentos da História de Feira de Santana – Fundação Senhor dos Passos

http://g1.globo.com/bahia/bahia-rural/videos/v/conheca-o-centro--de-abastecimento-de-feira-de-santana-maior-entreposto-comercial--da-bahia/4991260/ – programa destacando a importância do Centro de Abastecimento para a Feira e região metropolitana. Destaque para a comercialização de alimentos

Livros/revistas

BOAVENTURA, Eurico Alves. **Fidalgos e vaqueiros**. Salvador: Centro Editorial e Didático da UFBA, 1989.

CAMPOS, Flávio *et al*. **O jogo da História nos dias de hoje**. 1. ed. São Paulo: Leya, 2012.

CAMPOS, Flávio; CLARO, Regina. **Oficina de História**. 1. ed. São Paulo: Leya, 2015. v. 2.

CEDRAZ, Antonio. **Xaxado** – ano 2 – 365 tiras em quadrinhos. Salvador: Editora Cedraz, 2005.

CESAR, Elieser. Feira de Santana, empório do sertão. Memórias da Bahia II. **Jornal Correio da Bahia**, Salvador, 2002.

FREIXO, Alessandra Alexandre. Do sertão dos Tocós ao território do sisal: rumo à invenção de uma região e uma vocação. **Revista Geografares**, Vitória, n. 8, 2010.

FRANCO, Marcos; LIMA, Marcelo; ROGÉRIO, Hélcio. **Lucas da Vila de Sant'Anna da Feira**. Feira de Santana: [*s. n.*], 2012.

FERREIRA, Jerusa Pires. Um longe perto: os segredos do sertão da terra. **Légua & Meia**: Revista de Literatura e Diversidade Cultural, Feira de Santana, ano 3, n. 2, p. 25-39, 2014.

FERREIRA, Antonio C.; IVANO, Rogério. **A conquista do sertão:** os extremos da fronteira sertaneja. São Paulo: Atual Editora, 2002. (Coleção A vida no tempo do açúcar).

GODOFREDO FILHO. **Dimensão histórica da visita do Imperador a Feira de Sant'Ana**. Salvador: CEB; UFBA, 1976. 29 p.

PROJETOS SUGERIDOS PARA O ENSINO FUNDAMENTAL

6º ano

Projeto: Museu da Família

Espaço de trabalho: *feira das raízes e folhas...*

1. Micro-história
2. História e documentos
3. Leitura de documento
4. Fotografia e História
5. História da Família

JUSTIFICATIVA

O Museu da Família será montado com a perspectiva de compreender a importância da história da família para cada aluno-indivíduo.

O estudo de História durante o 6º ano do ensino fundamental trata das especificidades do que chamamos de sujeito de estudo da ciência – a ação do homem no tempo e no espaço. Daí ser o 6º ano a fase de "introdução aos estudos da História". Fase em que nos deparamos com perguntas como: "Por que estudar História?" e "Como estudar História?".

Ao invés de mergulhos especificamente em determinados conteúdos da História Antiga, ou da História do Brasil Colonial, fizemos uma análise do quanto pode ser favorável estudar o sujeito (aluno) e suas relações familiares, relações com outros primeiros grupos (o escolar, por exemplo), como uma proposta que consegue envolver mais o aluno com a ciência, facilitando uma interação e predisposição para discutir atitudes, marcas do ser humano na sociedade.

Saber dos bisavós, avós, tios, padrinhos, pais, sobre nós mesmos, por meio de cartas, fotografias, porcelanas, poemas, brinquedos, coleções de medalhas, ícones, vestuários, instrumentos musicais... certamente nos fará compreender com mais sabedoria os propósitos da História e a importância de outros museus, de outras exposições.

Acreditamos que estudar (e dar importância aos) fatos que acontecem ao nosso redor possibilita compreender (melhor), sob o signo da ciência, a própria história da humanidade, iniciamos um trabalho e qualquer que seja o resultado, ele será incluído na nossa história.

Esta é mais uma razão da existência do Museu da Família.

Prof. Augusto Spínola Jr.

OBJETIVOS

- Ampliar o leque de conhecimentos sobre o que estuda a História;
- Aprender sobre o ofício de historiador;
- Conhecer, por meio dessa ciência, o que, para o historiador, é um documento;
- Descobrir como "ouvir" os diversos documentos;
- Compreender a importância da história de vida dos familiares e a importância de uma análise fundamentada na Micro-História;

SER HISTORIADOR É FÁCIL, OU É DIFÍCIL?

Pensando nesta problemática, o ofício do historiador, iniciamos a realização da atividade "Museu da Família", com a 5ª série de 2004 aqui do Colégio Gênesis, em Feira de Santana, Bahia.

Após conversas e leituras, voltamo-nos à seleção de documentos familiares para a Exposição.

Surgiu, então, uma questão: como fazer esses documentos falarem? Como ouvir os seus gritos, suas histórias de vida e os seus silêncios? Afinal, como ser his-to-ri-a-dor?

Partimos para discussões em sala de aula, mas principalmente nos dirigimos para conversas (longas conversas muitas vezes) com nossos familiares, donos dos documentos, que guardam um pouco da história das nossas famílias. Voltamo-nos para construirmos os nossos textos: o que era aquele documento? De quando era? Qual o material utilizado para sua construção? Em que contexto se inseria? Foi um presente de casamento? Uma lembrança de aniversário? Foram muitas perguntas e algumas respostas...

Um pouco do resultado está aqui, nestes textos, nesta exposição. Esperamos que vocês, pais, que tanto contribuíram, se deem conta da importância dos seus discursos para a formação intelectual dos seus filhos.

Espero que a disciplina tenha possibilitado, por meio deste exercício, inquietações em tantos núcleos familiares. Inquietações que nos levem a perceber (e viver) a dinâmica da história, que sabiamente aproxima o passado do presente e faz do presente uma vivência tão significativa.

Apreciem os textos. Apreciem um pouco do Museu da Família.

DESENVOLVIMENTO/METODOLOGIA

I Aspectos teórico-metodológicos do estudo

*Discussões provocadoras

1. O que é história
2. Quando e onde acontecem os fatos
3. O que é um museu

II A história da família

1. Os meus avós, pais, tios padrinhos – origens: onde viveram, brincadeiras de crianças, profissão...

III Os documentos que foram investigados:

1. Qual o tipo de documento
2. Qual a idade?
3. Que história ele me conta?
4. De que maneira revela a época vivida por meu parente?

IV O estudo quanto aos aspectos metodológicos e avaliativos

1. Quanto às aulas
   a. 1ª fase – coleta de documentos – 9 aulas;
   b. 2ª fase – seleção de documentos para serem estudados na escola;
   c. 3ª fase – catalogação (de quem é o documento, de onde veio, qual sua história...) – construção de textos e exposição – 3 aulas;
   d. 4ª fase – exposição por 2 dias na escola.

AVALIAÇÃO

Será uma avaliação como tantas outras que resultam numa nota final (máximo de 4,0 pontos). Serão usados como **critérios de avaliação**:

a. a discussão sobre a ciência História – grau de maturidade do discurso, compreensão sobre conceitos e termos próprios da ciência;

b. a discussão sobre o que é museu;

c. a seleção e catalogação de documentos para o museu;

d. o envolvimento com a história do documento (a investigação que vem sendo desenvolvida e demonstrada pelas discussões);

e. a montagem da exposição;

f. a produção do texto sobre a história de cada documento (objeto) selecionado pelo aluno;

g. o cumprimento de cada atividade, no prazo estabelecido em sala de aula em acordo professor-aluno.

7º ano

Projeto: As feiras da construção da Feira

Espaço de trabalho: *feira livre*

1. A "Rua" – Conselheiro Franco, Marechal Deodoro, Sr. dos Passos Getúlio Vargas e Becos do centro da cidade. Na sua cidade esse espaço seria "o comércio" – o Centro da cidade que remete as origens comerciais

2. A feira do Campo do Gado

3. A feira livre da Cidade Nova

4. A feira livre do Tomba

5. A Expofeira

6. A feira de artesanato

7. O Centro de Abastecimento

8. Shopping center

Tema: a Baixa Idade Média

Subtema: as feiras livres e o Renascimento Comercial

Projeto de atividades em grupo sobre as feiras de Feira de Santana

JUSTIFICATIVA

Tendo em vista os nossos estudos neste Primeiro Ciclo sobre a crise do feudalismo e o início do mundo moderno, representado, em primeira instância, pelo fenômeno de desenvolvimento das feiras, que se consolidam demarcando a crise da Idade Média; tendo como ponto de partida para este estudo a periodicidades dos encontros comerciais, fruto do excedente da produção e do comércio de especiarias com o Oriente, vislumbramos, por um lado, a possibilidade de estudarmos a feira como fenômeno econômico, capaz de transformações sociais, políticas e transformações econômicas. Por outro, num estudo sobre as diversas feiras que marcam nossa cidade e ganham espaços a cada dia, entender mais sobre o cotidiano do nosso povo caracterizado com transformações históricas e deste nosso espaço urbano.

OBJETIVOS

- Estabelecer um paralelo entre as feiras medievais e as feiras livres de hoje;
- Reconhecer a feira livre como espaço responsável pela transformação de vida rural em vida urbana e/ou como espaço que caracteriza a integração dessas duas paisagens.

METODOLOGIA

- Aulas expositivas e discussões sobre a Baixa Idade Média, a partir de textos do livro didático;
- Estudos sobre a história de Feira de Santana, a partir de um documentário sobre a cidade;
- Organização de um circuito pela cidade, (re)conhecendo diversos tipos de feiras da cidade;
- Divisão das turmas de 7º ano em grupos de dois ou três componentes (ou, em casos raros de outro número, em função da especificidade da turma);

- Organização dos grupos para elaboração da forma de realizar o trabalho de pesquisa.

Seleção das feiras da nossa cidade:

a. Feira do Centro de Abastecimento

b. Feira do Beco do Mocó

c. Feiraguai

d. Expofeira

e. Feira da Estação Nova/Tomba/Cidade Nova (uma das três)

f. Rua Sales Barbosa (Calçadão)

g. "Rua" – o nosso termo para designar o comércio (entre Av. Getúlio Vargas, Av. Sr. dos Passos e Rua Marechal Deodoro)

h. Mercado de Artes

i. Campo do Gado

j. Shopping Boulevard

Em cada espaço específico, coletar/procurar informações com pessoas que participem desses eventos. Elaborar perguntas a serem aplicadas, se possível, às pessoas que constroem a história do lugar; fotografar e/ou filmar o espaço estudado, produzindo um registro de imagens que caracterizam o espaço; organizar slides (usando programas específicos), ou um mural para ser apresentado em sala de aula, como resultado da pesquisa.

AVALIAÇÃO

1. O processo de produção – encontro dos grupos, elaborações das perguntas e produção dos slides;

2. Apresentação para o grupo em sala de aula;

3. Produção de texto estabelecendo o paralelo entre a feira medieval e as nossas feiras de hoje.

9º ano

Projeto: Produção de folhetos de cordel

Espaço de trabalho: *feira da cachaça e forró*
Produção de textos de cordéis sobre a República Velha –
especificamente sobre a história do Cangaço ou a história
de Canudos.

APRESENTAÇÃO

Os alunos do 9º ano, por meio da História, estão envolvidos
com um estudo sobre a política brasileira do início da República.
Estudamos mais especificamente o coronelismo e suas implicações
para a sociedade da zona rural.

Já discutimos a queda do Império e estivemos recentemente
envolvidos num estudo sobre a (pouca) participação dos trabalhadores rurais do interior do Nordeste, na política do país, e sobre a
violenta ação da política coronelística no desenrolar da República,
que demonstrava todo o poder de que dispunham (e que usavam)
os donos de terras contra a população de vaqueiros, camponeses,
pequenos comerciantes.

No 8º ano, voltamo-nos para discutir a presença do gado
bovino e a ocupação do Sertão nordestino, inclusive sua urbanização
graças ao perseverante trabalho dos criadores e vaqueiros.

Agora, no 9º ano do ensino fundamental, estudando a República Velha, encontramos essa região ocupada, urbanizada, com
cidades controladas por coronéis, intitulados donos do poder, que
vendiam os votos dos trabalhadores que concentravam nos seus
municípios (*currais eleitorais*). Chamavam esses votos de *votos de
cabresto* (pois ninguém tinha liberdade de escolher em quem votar,
apenas seguiam as ordens dos coronéis).

Sabendo da relação de Feira de Santana (a Princesa do Sertão – de gente vinda de todos os cantos do Nordeste, descendentes de vaqueiros, camponeses, jagunços, cangaceiros), com essa história, estamos envolvidos com uma produção de folhetos de cordel, que favorecerão nossos estudos. Avaliamos a formação de bandos de jagunços – ditos cangaceiros – que muitas vezes, por motivos particulares, desafiavam o poder de donos de terras, de políticos, de padres e governadores. O mais conhecido e estudado, sem dúvidas, o bando de Lampião.

As nossas aulas se desenvolveram com atividades em grupos (duplas ou trios), voltados para leitura de textos de cordéis de autores conhecidos, como Leandro Gomes de Barros, Patativa de Assaré, Manoel de Almeida Filho, Rodolfo Coelho Cavalcante, e de leituras de livros que tratavam dos temas, de textos de revistas que resultaram nas produções dos poemas pro parte dos alunos.

Planejamos expor no colégio os folhetos produzidos.

Esperamos contar com a presença dos pais dos alunos e de convidados (admiradores da cultura regional, artistas plásticos, artesãos, repentistas, cordelistas e atores), na nossa exposição, para que esses presentes realcem e construam um respeito maior pelo que se produz na nossa região.

PROPOSTA DE ESTUDOS

I - Sertão/Feira de Santana – Bahia

a. Barraca de frutas e verduras

1. Você observou que existem termos neste livro que estão destacados (em itálico)? Você sabe os seus significados? Faça uma lista dos termos que não (re)conhece e converse com seus pais, avós ou qualquer outra pessoa mais velha da sua família. Será que ele/a poderia ajudar?

2. Ainda sobre essa questão, aproveite aquela nossa sugestão – Projeto de estudos sobre a História da Família, o Museu da Família – 6º Ano do Ensino Fundamental – e tente colocar em prática alguns pontos: de que cidade e estado são os seus familiares? De que forma o seu familiar (que conhece os termos) aprendeu o significado dos termos grifados? Será o mesmo significado utilizado pelo texto? Converse também com seus/suas colegas e professor/a de História sobre esses termos. Qual termo você achou mais curioso? Por quê?

3. Você já ouviu falar em Feira de Santana? O que sabe sobre essa cidade? Se não a conhece, para saber mais sobre ela inicialmente, localize-a em um mapa político do Brasil (Região Nordeste, Bahia) e leve informações sobre ela para a aula de História e Geografia. Proponha uma discussão sobre essa cidade com seus/suas professores/as.

4. Leia esta imagem da cidade de Feira de Santana no início do século XX. Ela se parece com a sua cidade? Tem alguma informação na imagem a seguir que você reconhece? Qual?

Figura 1 – Feira de Santana em 1906 – detalhe do Centro da cidade com a feira livre

Fonte: memórias fotográficas de Feira de Santana

5. Você já esteve numa feira livre? Já passou por ela (mesmo dentro do carro)? O que lhe chamou atenção nessa feira?
6. Compare a imagem da cidade do início do século XX com esta a seguir, dos dias atuais. Mudou muito? Agora se parece mais com sua cidade? Tem alguma informação nessa imagem que você reconhece? Qual? Por quê?

Figura 2 –

Fonte: https://cidadesemfotos.blogspot.com.br/2014/08/fotos-de-feira-de-santana-ba.html

7. "Pesque" com seu/sua professor/a de Geografia algumas informações sobre essa cidade. Como?!? Não sabe o que é *"pesque"*? Discuta esse termo com seu/sua professor/a de Língua Portuguesa. Lembre-se de informar de onde é o autor do livro. Pode ser uma boa dica para descobrir o significado do termo. Tente também ver se na sua sala de aula tem alguém de Feira de Santana, ou da Bahia, ou do Nordeste. Procure ver com ele/a o possível significado do termo *"pesque"*.

8. Você sabe dizer a razão do nome da sua cidade? Escreva no seu caderno e discuta com seus/suas professores/as (História, Língua Portuguesa etc.).

9. Consegue imaginar a razão do nome "Feira de Santana"? Qual seria? Antes de pesquisar a origem do nome na internet:

   - Veja o projeto Pedaços de Feira de Santana, que acompanha este livro. Veja se consegue identificar uma razão para o nome no projeto ou pela proposta do projeto. Se você estudou o 7º ano com o autor, consegue relacionar o nome a que fato da história medieval?

   - Converse também com familiares ou com pessoas dessa sua cidade. Essas pessoas sabem a razão do nome? O que disseram?

   - Pesquise no blog: www.pedacosdefeiradesantana.blogpsot.com e tente descobrir uma pista maior para falar sobre o nome "Feira de Santana".

10. Que relação é possível você estabelecer entre Feira de Santana e o Sertão nordestino? Pergunte mais uma vez a algum familiar mais velho se ele tem como ajudar com essa pergunta. Veja se nas imagens do Projeto Museu da Família você reconhece algum documento que tenha grande relação com a história nordestina. Pesquise mais informações sobre esse documento que você escolheu. Discuta com seu professor de História e seus colegas na

sala de aula. Observe e discuta os documentos que seus colegas escolheram.

11. Converse com seu/sua professor/a de Geografia e pergunte sobre a relação entre Feira de Santana e o Sertão. Anote parte da discussão no caderno e discuta-a na aula de História com seu/sua professor/a e colegas.

12. Você mora no Sertão? Se sim, o que já viu/ouviu sobre a fauna e a flora dessa região? Se não, o que já leu sobre a fauna e a flora da região?

13. Você considera o Sertão um lugar longe, ou um lugar perto das outras regiões do Brasil? Por exemplo, tomando como referencial o seu estado ou a sua cidade, longe ou perto? Por quê?

14. Conhece algum filme, documentário ou música que retrata a história a região de Feira de Santana? Qual? Caso não conheça, faça uma pesquisa com familiares inicialmente (Projeto Museu da Família) para identificar alguns desses tipos de documentos que narram sobre o Sertão.

15. Conhece algum filme ou documentário que fala sobre o Sertão da Bahia? Caso não conheça, faça uma pesquisa para identificar alguns desses tipos de documento que narram sobre o Sertão.

16. Considerando que você já sabe o que é uma feira livre e que talvez já tenha passado por uma, elabore duas listas: uma para informar os produtos que você sabe (ou nem tanto) que se pode encontrar numa feira livre; outra para informar sobre as pessoas que encontramos numa feira livre. Apresente essas duas listas na aula de História e compare-as com as outras listas que seus colegas fizeram.

17. Analise o poema sobre a feira livre:

Gente da feira

Feirante
Barraqueiro
Comerciante
Camelô
Freguesa
Vendedor
Carregador
Abençoado
Irmão
Sacoleiro
Policial
Prostituta
Ladrão
Artesão
Caminhoneiro
Rezadeira
Açougueiro
Cantador
Vaqueiro
— Faltou alguém na feira?
...Então se aproxime, freguês!

Augusto Spínola

Compare-o com a imagem a seguir, identificando alguns personagens.

Figura 3 –

Fonte: http://feiraslivres.blogspot.com.br/

18. Se você não é de Feira de Santana, conhece alguém da sua cidade que seja de lá? ou que morou/trabalhou naquela cidade baiana? Peça informações sobre a "Princesa do Sertão" a essa pessoa e anote no seu caderno. Investigue fotografias (se a pessoa as tiver) sobre a feira livre. Apresente-as na aula de História.

b. Barracas de carnes, fígado, rim, mocotó

19. Identifique o que você conhece, já comeu, ou viu na sua casa ou na casa de algum parente, ou que nunca viu nem comeu da frase a seguir:

> "No outro dia pela manhã, depois de um farto café, regado a frutas, milhos, beijus, cuscuz, mandioca e bana-

nas da terra – cozidas –, bolos [...] o Imperador pediu
para ser levado para conhecer a tão falada feira [...]"

20. Procure estabelecer uma relação entre:

- História do Brasil (século XIX) e a proibição de criação de gado no litoral e Recôncavo baiano;

- História do Brasil no Império e o comércio de gado;

- O gado e a cultura fumageira da história de Feira de Santana e a economia colonial.

II – 2º Reinado (1840/1889) – A visita do Imperador

c. Barraca de doces, manteiga e requeijão

1. O Imperador, D. Pedro II, visitou sua cidade? Morou ou costumava passar muito tempo aí? Procure obter informações sobre a relação que existe entre sua cidade e o Imperador e registre-a no seu caderno. Observe pelo "Projeto Feiras de Feira de Santana" que muitos espaços visitados pelos alunos foram lugares por onde o Imperador andou.

2. Levando em conta que o Imperador não tenha visitado sua cidade:

- alguém considerado um grande personagem da vida política do Brasil esteve por aí pela sua região? Quem foi? Quando foi?

- O que mudou depois dessa visita?

- Se não houve visita, que personagem da vida política você gostaria que estivesse na sua cidade por um dia? Por quê?

- O que diria para este visitante se pudesse falar com ele?

3. Na sua família tem gente que viveu na zona rural? Ou você tem algum amigo (ou conhece algum amigo da família) que

tenha vivido na zona rural? Converse com ele/a e veja como ele descreve a região. Observe que alguns depoimentos de familiares precisarão ser socializados. O seu, por exemplo.

4. Procura saber com esta pessoa que fala sobre a zona rural:
   - sobre o trabalho nessa região;
   - sobre o lazer e as relações interpessoais neste local. Anote tudo no caderno. Durante a aula de História, com seu/sua professor/a, compare com a vida na zona urbana.

5. Quando o Imperador D. Pedro II ocupou o trono brasileiro? Identifique qual o movimento político que favoreceu a subida dele ao trono.

6. O que o texto quer dizer com "depois de estabelecer a paz no Brasil"? O que estava acontecendo no campo político--social que parece ter sido resolvido durante o governo de D. Pedro II?

7. Procure saber o significado de "estava no poder há mais de dez anos e conseguira recuperar a região que quase lhe escapara das mãos por causa de uma disputa iniciada por preços diferentes da carne, entre o governo e os fazendeiros de lá". O que levou, naquele momento, a região Sul a procurar se separar do Brasil? E nos dias de hoje, ainda se fala em separação? O que você traria como elementos para uma discussão sobre esse tema na aula de História? Anote no seu caderno para não esquecer.

8. Quando o Imperador visitou Feira de Santana? O que o trouxe a esse local?

9. Na sua cidade existe algum local ou acontecimento específico que atraia várias pessoas para este evento? Qual é?

10. Qual o produto que mais se comercializa neste lugar e/ou na ocasião deste acontecimento?

11. O que mais chamou a atenção de D. Pedro II quando ele viu a figura do vaqueiro? Por quê?

A VISITA DO IMPERADOR À FEIRA DE SANTANA

12. Você já viu um vaqueiro todo trajado com sua roupa de couro? Se nunca viu, procure a imagem num livro, ou na internet. E agora que viu, que impressão lhe traz este traje? Por que será que o vaqueiro do Sertão nordestino se veste dessa maneira?

13. Leve para a sala de aula seus comentários sobre a indumentária do vaqueiro. Se possível, imprima a imagem (caso tenha pesquisado na internet), ou tente fazer um desenho dessa roupa. Identifique cada parte dela separadamente. Em seguida, mostre-a para o/a professor/a de Artes e pergunte o que ele/a achou e que outras informações podem passar sobre a imagem.

14. Você sabe o que é "jerimum"? Procure saber pesquisando no dicionário, ou perguntando a uma pessoa mais velha da sua família.

15. Faça um desenho para ilustrar esta explicação.

16. Você sabia que foi assinada uma lei que reconhece o ofício de vaqueiro no Brasil? Pesquise sobre ela. Procure imagens sobre o evento de reconhecimento. Veja também quando e onde trabalhariam os primeiros vaqueiros. Anote e apresente na aula de História.

POSFÁCIO

A presente obra traz, em sua narrativa, experiências que levam o leitor a relembrar memórias de seu cotidiano com a família, memórias de lugares da cidade, de palavras que remetem a algum personagem da vida privada ou coletiva. Tudo isso tem como pano de fundo a visita do imperador a Feira de Santana, capital do Sertão, capital do Brasil.

A escrita aqui em destaque, pela forma como seu conteúdo é apresentado, gera facilidade na compreensão, aproximando autor e leitor numa itinerância de certa cumplicidade, haja vista a familiaridade com muitas das situações apresentadas. Nesse aspecto em particular, o texto contribui para o incentivo à leitura ou para a recuperação do sentido de ler.

Essa aproximação é resultado do lugar de onde nasce o desejo da escrita: a sala de aula. Nas vivências de "ensinagens" e "aprendências" com estudantes do ensino fundamental e médio, o professor Augusto Spínola encontrou nos conteúdos relativos a cada ano escolar o ponto de interseccionalidade para falar da cidade, em diferentes tempos e espaço: a feira livre.

A feira, mais precisamente a feira do gado, que estimulou a visita do imperador D. Pedro II a Feira de Santana, desejoso de saber o que se fazia por essas cercanias para tornar tão prospero o comércio de gado. Essa passa a ser a grande inspiração para o autor, que investe no estudo da história desse e de outros locais por meio da já citada interseccionalidade: a feira livre. O imperador é levado a entender que os caminhos desse lugar foram desenhados pelo pisotear dos animais, em especial o gado ordenado pela importante figura do vaqueiro.

O autor faz o leitor entender que os olhos d'água, os lagos e rios favoreciam a engorda do gado que movimentava o comércio de Salvador e Cachoeira. De maneira tranquila, apresenta as estabilidades e agitações sociais políticas e econômicas de algumas regiões. Entre elas, a Farroupilha e a Sabinada. Dois extremos que em seu bojo revelavam insatisfações políticas. Esta última contou com protagonismo de sujeitos de Feira de Santana. Dessa forma, o autor situa a cidade, ainda que de modo subliminar, nas efervescências daquele período.

A riqueza de detalhes com que o autor apresenta o semiárido para situar as condições de labuta difícil dos moradores da região chega a lembrar autores clássicos que trabalham com as narrativas da seca do Nordeste. A escrita apresenta de maneira bastante detalhada as condições da seca, da chuva torrencial e os respectivos sofrimentos vividos pelo povo do lugar, que fazem o leitor mergulhar no universo apresentado. O vocabulário utilizado tanto pelo vaqueiro quanto pelo sertanejo traz memórias de experiências individuais e coletivas com esses personagens que, em alguma medida, ainda fazem parte do cotidiano da cidade.

Por meio da figura do vaqueiro, o autor escreve sobre a saga de sobrevivência desse que faz parte dos segmentos inseridos em situação de exclusão. Uma exclusão que o faz inclusive ser alienado das suas reais condições de trabalho. Apesar disso, esse mesmo personagem demonstra entender das injustiças que constituem a relações entre quem trabalha, os sujeitos que produzem e quem detém os meios de produção; entre o dono da terra e do gado e os que trabalham com a terra e com o gado.

O vaqueiro é descrito desde sua indumentária, roupa que o ajuda a sobreviver à aspereza do trabalho, sob Sol escaldante e um suor que revela a valentia desse trabalhador sertanejo que aprendeu com o aboio a estabelecer cantando, uma relação com o gado que ele conduz numa labuta que lhe dá uma expertise que nem de longe se aproxima dos momentos de lazer do fazendeiro nas vaquejadas. Estes nem brincando revelam ter as habilidade dos vaqueiros que, em meio às agruras do dia a dia, conseguem rir dos deslizes de seus senhores com o gado nos momentos de lazer.

As relações de poder, a tradução das manifestações do mandonismo político, pode ser percebida na figura do conselheiro, que inclusive adia funerais em função do bem-estar da autoridade, no caso o imperador. A questão de gênero é apresentada na rotina das mulheres que iam à missa, faziam o passeio matinal enquanto os homens se preparavam para fazer visitas e conhecer outros lugares, dando o tom da diferença dos papéis entre homem e mulher na sociedade da época: notadamente a elite imperial.

Um outro momento forte de aproximação entre leitor e escritor é quando ele apresenta a recepção feita ao imperador, com um farto café repleto de iguarias do lugar, que fazem parte da cultura gastronômica dos dias atuais nessa região. No texto, o jerimum aparece como elemento representativo da alimentação do sertanejo.

É impossível não reconhecer a sensibilidade do autor, que traz o vaqueiro, um sujeito simples e explorado por relações de trabalho injustas, para o centro da cena da visita do imperador a Feira de Santana. O vaqueiro, que primeiro se afasta para não fazer parte da saga de acolhida ao imperador, por achar tudo aquilo uma bobagem, é o mesmo que é chamado e acaba apresentando ao imperador. A narrativa das dores vividas traduz verdades em sua fala. Ele estampa a realidade, diferente do que fez o conselheiro.

Com esse personagem, o autor deixa a mensagem de que o que tem que ser dito deve chegar a quem precisa ouvir. O imperador, na despedida, por meio desse vaqueiro, deixa a recompensa, a reparação pela verdade dita, pelos conhecimentos adquiridos com a viagem. Afinal, ele veio para conhecer a gente desse lugar que conseguia realizar um promissor comércio de gado. Ao mesmo tempo, diante do nível de dificuldade de compreensão do vaqueiro, o imperador delega ao conselheiro a missão de fazer as reparações/recompensas que propôs àquele trabalhador, representante da força de trabalho que explica a movimentação do gado na região.

Na despedida, o autor põe em relevo a simplicidade do sertanejo, que presenteia o imperador com a significativa iguaria que é o jerimum. E assim o vaqueiro, agora dono da Chácara do Imperador, segue abrindo os caminhos do Brasil, promovendo o adentramento ao interior.

Com este livro, e considerando o que foi dito no início desta apresentação, é importante destacar que o professor Spínola, não satisfeito com a riqueza de detalhes apresentada no texto, deixa para o/a leitor/a uma vasta sugestão de referência de leitura. O professor põe em relevo a importância do estudo da história, contextualizando-a na vida dos estudantes por meio dos diferentes elementos presentes no texto, especialmente os que aqui chamei de aproximações e interseccionalidade. Certamente a expressão "pra que estudar histórias" terá respostas significativas na obra apresentada, acompanhada por uma ampla sequência de atividades a serem desenvolvidas a partir da leitura, em consonância com os conteúdos ministrados não apenas nas aulas de história, mas também em outras áreas do conhecimento.

Boa leitura!

Prof.ª Railda B. Neves

Graduada em História - UEFS; Especialista em Direito e Cidadania / UEFS; Especialista em Planejamento e Prática de Ensino; Professora da Educação Básica; Coordenadora do Núcleo de Inclusão e Diversidade da Secretaria Municipal de Educação - SEDUC -FSA; Organizadora do I e II Encontro de Educação Antirracista da rede pública municipal de ensino de F. de Santana; Vice coordenadora do Núcleo de Estudos Afro Brasileiro e Indígena - NEAB, da Universidade Estadual de Feira de Santana - UEFS; Membro da Associação Brasileira de Pesquisadores Negros - ABPN; Membro da Associação Nacional de História - Anpuh; Mestra em História da África, da Diáspora e dos Povos Indígenas - Universidade Federal do Recôncavo da Bahia – UFRB.

REFERÊNCIAS

BITTENCOURT, Circe Maria Fernandes. *Ensino de História*: fundamentos e métodos. São Paulo: Cortez, 2004.

BLOCH, Marc Leopold Benjamim. *Apologia da História, ou, o ofício do historiador*. Tradução de André Telles. Rio de Janeiro: Jorge Zahar, 2001.

BOSI, Eclea. *Memória e sociedade:* lembrança de velhos. São Paulo: T. A Queiroz, 1979.

BRASIL. Ministério da Educação, Secretaria de Educação Média e Tecnológica. *Parâmetros Curriculares Nacionais*: Ensino Médio. Brasília: MEC, 1999.

BURKE, Peter (org.). *A escrita da História; novas perspectivas*. Tradução de Magda Lopes. São Paulo: EdUNESP, 1992.

CAMPOS, Flávio de. *Ritmos da história*. São Paulo: Escala Educacional, 2010.

DAIRELL, Juarez (org.) *Múltiplos olhares sobre educação e cultura*. Belo Horizonte: EdUFMG, 1996.

FARIA, Vilmar E. Cinquenta anos de urbanização no Brasil: tendências e perspectivas. *Novos Estudos*, São Paulo, n. 29, p. 98-119, mar. 1991.

GAMA, Raimundo. *Memória fotográfica de Feira de Santana*. Feira de Santana: Fundação Cultural de Feira de Santana, 1994.

GUSMÃO, Emery Marques. *Memórias de quem ensina História; cultura e identidade docente*. São Paulo: EdUNESP, 2004.

HILSDORF, Maria Lucia ;VIDAL, Diana (org.). *Tópicos em História da Educação*. São Paulo: EdUSP, 2001.

KARNAL, Leandro (org.). *História na sala de aula*: conceitos, práticas e propostas. 5. ed. São Paulo: Contexto, 2007.

MAXADO, Franklin. *A feira de Feira de Santana vai sair do meio da rua.*

NIKITIUK, Sônia Maria Leite. *Repensando o ensino de História*. 5. ed. São Paulo: Cortez, 2004.

SANTOS, Erotildes. *Quem era Lucas da Feira*. [S. l.: s. n.].

SINGER, Paul. *Economia política da urbanização*. 14. ed. São Paulo: Contexto, 1998.

SODRÉ, Muniz. *O Bicho Que Chegou a Feira*. Rio de Janeiro: Francisco Alves, 1991.